让孩子着迷的
第一堂自然课

奇妙植物
QIMIAO ZHIWU

童心 编著

化学工业出版社
·北京·

图书在版编目（CIP）数据

让孩子着迷的第一堂自然课．奇妙植物 / 童心编著．—北京：化学工业出版社，2019.4（2024.6重印）
ISBN 978-7-122-33729-0

Ⅰ．①让… Ⅱ．①童… Ⅲ．①科学知识－青少年读物②植物－青少年读物 Ⅳ．① Z228.2② Q94-49

中国版本图书馆CIP数据核字（2019）第 026040 号

责任编辑：王思慧　谢　娣　　　　　　　　　　　　装帧设计：刘丽华
责任校对：王　静

出版发行：化学工业出版社（北京市东城区青年湖南街 13 号　邮政编码 100011）
印　　装：天津裕同印刷有限公司
787mm×1092mm　1/12　印张4　字数58千字　2024年6月北京第1版第5次印刷

购书咨询：010-64518888　　　　　　　　　　　售后服务：010-64518899
网　　址：http://www.cip.com.cn
凡购买本书，如有缺损质量问题，本社销售中心负责调换。

定　价：22.80元　　　　　　　　　　　　　　　　　　版权所有　违者必究

前言

当我们来到郊外，呼吸着新鲜空气时，总会不由自主地感叹道："啊，大自然真美呀！"可是，你有没有想过，如果没有美丽的花儿、嫩绿的草儿、高大的树木以及其他奇妙的植物，地球将会变得多么荒凉、没有生机呢。那时，人类又将会发生什么可怕的事情？真遗憾，虽然很多人都知道植物对于地球和人类很重要，但很少有人真正了解它们。

小朋友，欢迎来到《奇妙植物》世界，在这里，你不仅会认识许多神奇的植物，还会了解每一片嫩叶、每一朵花、每一粒果实里藏着的秘密。相信这次愉快的阅读之旅，会让你变得更加热爱自然，成为一个保护环境的小卫士。

目录

- 欢迎来到植物王国…1
- 认识植物…2
- 植物从哪里来…3
- 植物家族进化谱…4
- 营养器官是植物生长的保证…6
- 固定植物的根…7
- 支撑植物的茎…8
- 吸收阳光的叶…10
- 植物是如何繁殖的…12
- 多姿多彩的花…14
- 果实成熟啦…15
- 种子…16
- 植物之最…18
- 爱睡觉的植物…20
- 天然水库——波巴布树…22
- 爱伪装的石头花…23
- 冬虫夏草大变身…24
- 植物家族的气象预报员…25
- 爱吃肉的植物…26
- 比比谁最臭…28
- 著名的舞蹈家——跳舞草…29
- 菟丝子的寄生生活…30
- 热带雨林里的空中居民…32
- 可以解毒的植物…33
- 孤单的独叶草…34
- 爱臭美的弄色木芙蓉…35
- 告诉你关于植物的秘密…36
- 威力无穷的炸弹树…38
- 学习艾蒿印染技术…39
- 我国名花…40
- 植物与民俗节日…41
- 植物和人类的关系…42

欢迎来到植物王国

植物是大地的"外衣",不管走到哪里,我们都能看到它们充满活力的身影。有的开放着五颜六色的花朵,有的结满了丰硕的果实,还有一片片望不到边的草地和一棵棵高大的树木……它们共同编织成一件美丽的衣服,保护着广阔无垠的大地——人类的家园。

认识植物

在自然界里,植物的种类非常多,形态也各不相同。即使是同一种植物,也常常会有差别。现在,让我们来认识植物家族中最重要的三位成员。

树冠

树叶

树枝

藻类植物

地球上最早的、最原始的植物,结构非常简单。

裸子植物

裸子植物为多年生木本植物。我们常见的各种树木,就属于裸子植物。

鞭毛

伸缩泡

线粒体

细胞壁

叶绿体

细胞核

蛋白核

树干

被子植物

被子植物又名绿色开花植物,是地球上数量最多、和人类关系最密切的植物。

花

果实

叶

茎

根

发达的根系

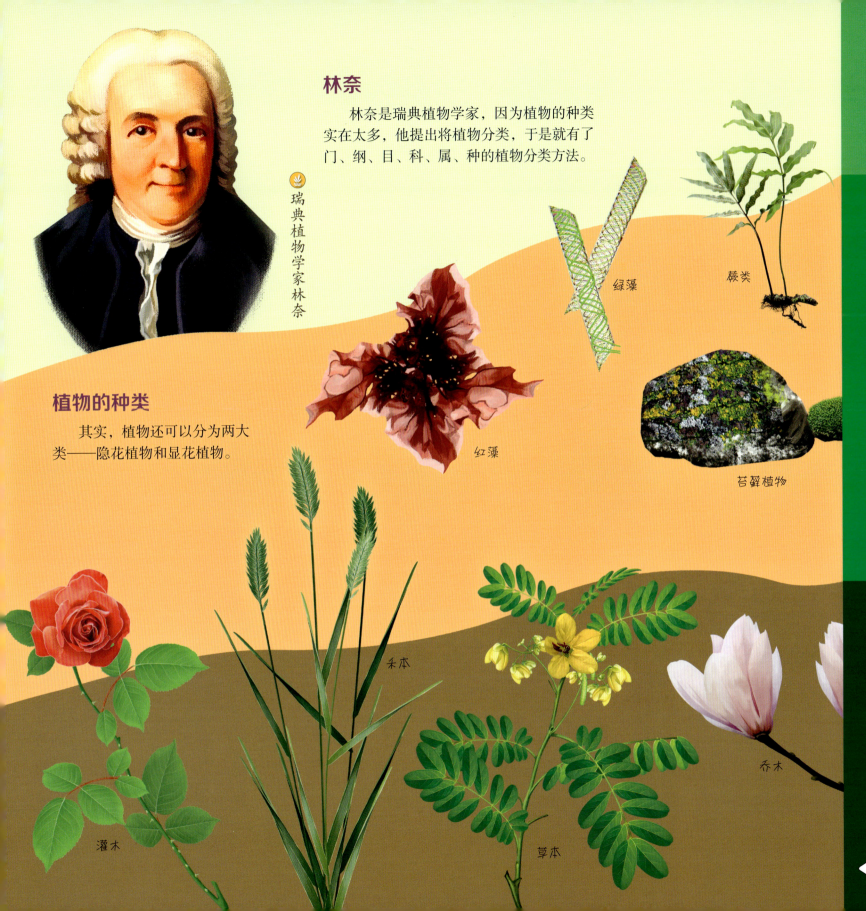

林奈

林奈是瑞典植物学家,因为植物的种类实在太多,他提出将植物分类,于是就有了门、纲、目、科、属、种的植物分类方法。

瑞典植物学家林奈

植物的种类

其实,植物还可以分为两大类——隐花植物和显花植物。

绿藻

蕨类

红藻

苔藓植物

隐花植物

禾本

草本

灌木

乔木

显花植物

固定植物的根

← **直根** 直根有粗壮的主根和细小的须根。

定根 定根为植物的根在土壤中的位置固定不变。

不定根 植物在生长过程中，从茎上或叶上长出的根叫作不定根。

须根 须根由许多大小差不多的根组成，就像乱蓬蓬的胡须。

植物的最下面是根，它担负着固定植株、吸收水分和无机盐的重任。同时，根还可以改善土壤环境，促进植物生长。

变态根

一些植物受气候和环境的影响，其根的形态随之发生了变化，变得和普通根不同。

各种各样的变态根

支柱根

气生根

寄生根

攀缘根

肉质直根

块根

支撑植物的茎

茎就像人体的"骨骼",将植物的各个部分连成一个整体,支撑着植物。如果没有茎,植物就会像泥一样瘫在地上。

茎的外形

茎的形态多种多样,有的粗有的细,有的长有的短,差别很大。

圆柱形茎

大部分植物都是圆柱形茎。

牵牛花

- 顶芽
- 侧芽
- 节
- 节间

● 茎的组成

茎的主要类型

直立茎

直立向上生长的茎,比如树木。

缠绕茎

茎需要缠绕在其他植物或物体上生长,比如牵牛花。

匍匐茎

茎细长又柔弱,匍匐生长在地面,比如草莓。

草莓

攀缘茎

茎攀缘在支持物上并向上生长,比如黄瓜。

黄瓜

你知道为什么莲藕里有很多孔吗?

藕生活在水下的淤泥里,因为缺少空气,它们就在身体里长出许多小孔,这样可以把叶子吸收的空气送往茎的各个部分,是不是很像我们人类的"鼻子"呢?

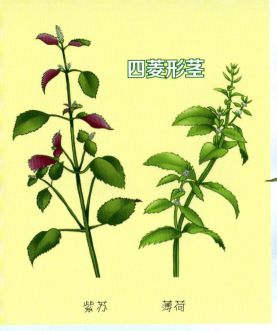

四棱形茎

紫苏　薄荷

三角形茎

香附　荆三棱

方形茎

广藿香　益母草

变态茎

植物的茎由于受气候和环境的影响，其形态和结构也发生了变化，其中包括地上变态茎和地下变态茎。

地上变态茎

植物为防止动物采食而发生的变态，比如玫瑰的皮刺、黄瓜的卷须。

玫瑰的皮刺

黄瓜的卷须

扁平茎

仙人掌　蟹爪兰

各种各样的地下变态茎

洋葱的鳞茎

马铃薯块茎

块茎，可入药　草泽泻

百合　鳞茎

西红花　球茎

吸收阳光的叶

叶子是植物重要的营养器官,它吸收阳光,制造养料和能量,供植物生长。如果没有叶子,那么植物就无法生长。

叶序

什么是叶序呢?其实,叶序就是叶子在茎上的生长次序。

互生叶:两片叶子交错着。
对生叶:两片叶片正对着。
簇生叶:叶片聚集在一起。
轮生叶:叶片一轮一轮地生长。

表皮　叶脉　叶缘　叶柄

🌾 一片完整的叶子

互生叶

簇生叶

各种形态的叶

植物不同，叶子的形态也不同，而且有的叶子是"独生子"，有的是"双胞胎"，还有些叶子是"多胞胎"，非常有趣。

变态叶

外形、功能和普通的叶子不同。

植物是如何繁殖的

植物能够从数十亿年前一直生存到现在，主要是因为它们具有独特的繁殖方式。大部分植物通过种子繁殖，不过，也有一些植物用根、块茎、叶子和芽繁殖，这些繁殖被称为"营养繁殖"。

人工繁殖

除了植物自己进行繁殖外，人类还可以用植物的某个部分进行繁殖，这样无论什么时候，无论在野外还是室内，都可以欣赏到美丽的植物。比较常见的人工繁殖方法有嫁接、扦插、压条和分株繁殖。

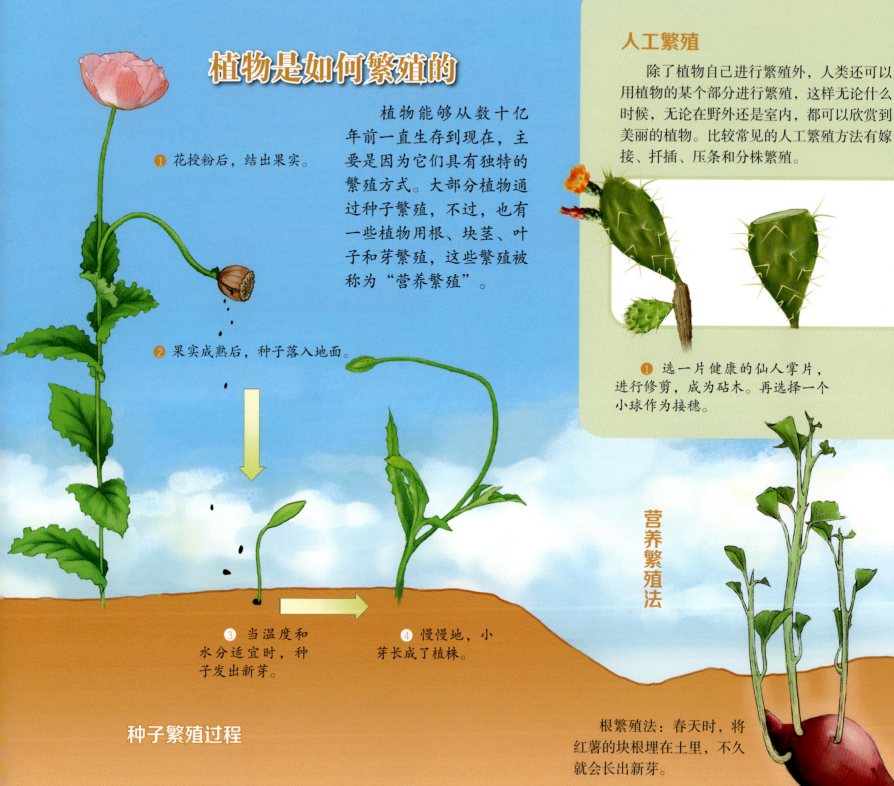

❶ 花授粉后，结出果实。

❷ 果实成熟后，种子落入地面。

❸ 当温度和水分适宜时，种子发出新芽。

❹ 慢慢地，小芽长成了植株。

种子繁殖过程

❶ 选一片健康的仙人掌片，进行修剪，成为砧木。再选择一个小球作为接穗。

营养繁殖法

根繁殖法：春天时，将红薯的块根埋在土里，不久就会长出新芽。

嫁接繁殖：将植物的一部分嫁接到另一种植物体上，两部分相互愈合后就能成为一种新的植物，植物的枝条、根、叶和芽都能进行嫁接。现在，我们看看仙人掌的嫁接繁殖过程。

扦插繁殖：将植物的根、茎或叶剪下，插入土中、沙子中或浸在水中，就可以长成新的植株。吊兰可以用匍匐茎扦插繁殖。

压条繁殖：将植物的枝条用泥土和其他物质包裹住，等发出新根后从母株上切断，另外栽植。

② 使接穗对准砧木的顶部并接到一起。种植到花盆中，浇水。

③ 大约4个月，植株就能成活、开花。

分株繁殖：将不定芽生出的植株从母株上分离下来，另外栽种。此方法适用于<u>丛生植物</u>。

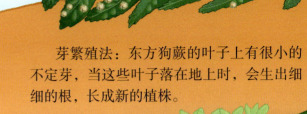

芽繁殖法：东方狗蕨的叶子上有很小的不定芽，当这些叶子落在地上时，会生出细细的根，长成新的植株。

块茎繁殖法：将马铃薯的块茎切成小块，埋入土中，大约一个星期就能从芽眼中发出新芽。

叶子繁殖：秋海棠用叶子就可以进行繁殖。

⑬

多姿多彩的花

花是被子植物繁衍后代的器官，无论大小、形状和颜色怎么变化，花都有着相同的组成部分。

花瓣平展呈辐射状

上下张开呈唇状

像一个坛子的坛状花冠

直立细长的管状

柱头
花柱
花药
花丝
花瓣
花萼

像一个高脚杯

花的结构示意图

花冠

因为花瓣的离合、花冠筒的长短、花冠裂片不同，花冠的形态也多种多样。

细长的舌状花

花瓣交叉呈十字形的十字状花

像一个大钟的钟状花

像一个漏斗的漏斗状花

果实成熟啦

植物不仅为我们带来了美的享受，还提供了丰富的果实供人类和动物食用。在自然界，凡是结果实的植物都被称为被子植物。果实是植物重要的繁殖器官，负责保护和传播种子。

果实是怎么形成的？

① 盛开的苹果花等待授粉。
② 一只蜜蜂穿梭在花丛中采蜜。
③ 柱头沾到蜜蜂携带的花粉，胚珠受精。
④ 传粉过程结束后，花朵枯萎，子房长成果肉，包裹住种子，苹果就会慢慢长大。

果实的类型

植物的果实多种多样，根据所含水分的不同，分为肉果和干果两大类。

肉果，俗称水果，含水量多，果肉香甜，色泽鲜艳。

干果，外部是干硬的壳，里面包着种子。

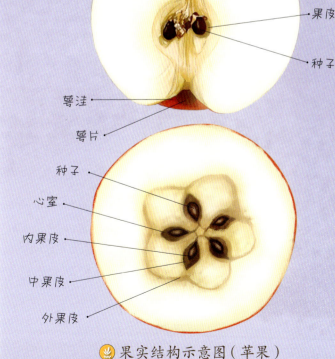

🌱 果实结构示意图（苹果）

种子

种子是植物家族生命延续的保证，它孕育着新的生命。无论是大树还是小草，有很多都是从一粒种子开始生长的。

种子的传播

大部分植物的种子成熟后，都会自行掉落在附近，就此安家落户。因此，这些植物的生存往往受到一定限制。不过，有些植物很聪明，它们会利用各种方式把种子传播到别处。比如，紫堇的种子。

❶ 紫堇的种子上常附着蚂蚁喜食的油质体。夏天一到，种子便撒落一地。

❷ 一群蚂蚁发现后，争先恐后地把种子拾回家。

蒲公英

蒲公英的种子长着冠毛，像一把把白色的小伞，随风飘扬，四处安家。

风滚草

风滚草生长在我国西北地区，它们常常抱成一团，随风远行，在滚动的过程中撒播种子。

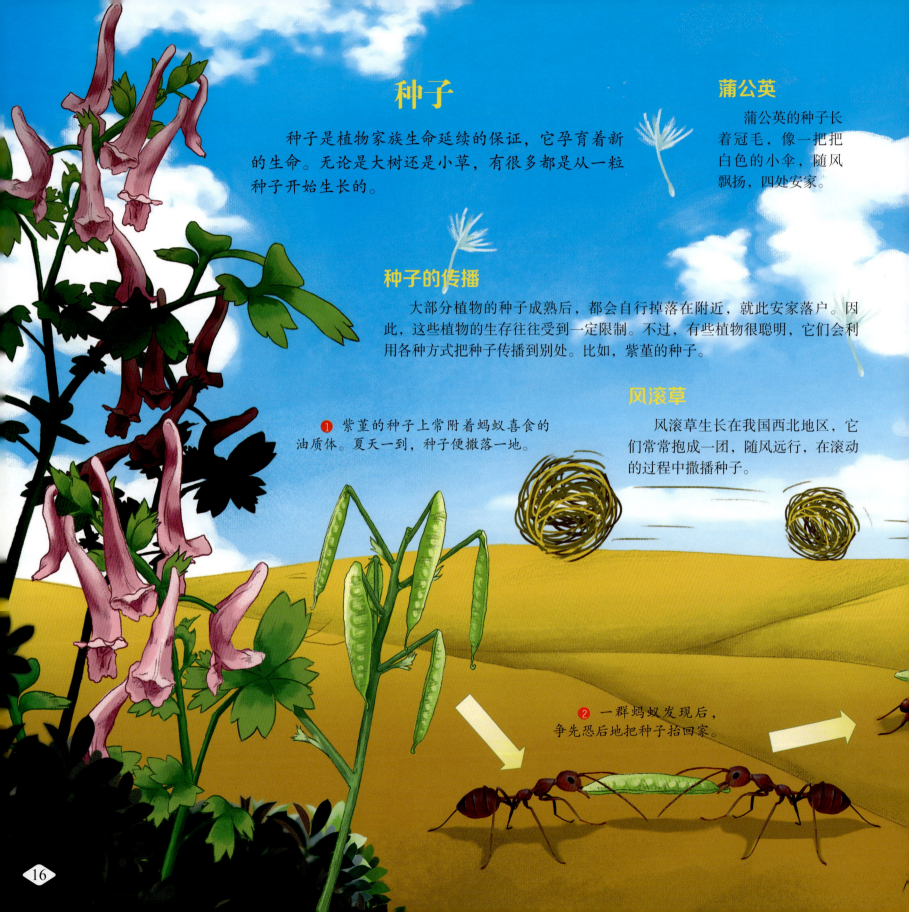

仙人掌

仙人掌的果实成熟后，常常被蝙蝠吃掉，而种子会被蝙蝠排泄到很远的地方。

椰子

椰子的果壳非常坚固，漂浮在海上绝对不会沉下去，它能随海浪漂泊到很远的地方，直到遇到合适的海滩，才会安家落户。

喷瓜

喷瓜的果实成熟后，在从果柄脱落下来的瞬间，果壳卷缩会将种子弹出，抛射至很远的地方。

野葡萄

野葡萄的果实成熟时，小鸟和一些动物会来享用，但由于种子消化不掉，就随着其粪便排出来，从而四处传播。

❸ 蚂蚁吃掉种子表面的油质后，就会把种子本身丢弃在蚂蚁的洞穴中。

❹ 第二年，种子就在蚂蚁洞里生根、发芽，冲破地面，长出紫堇。

苍耳

苍耳的果实布满倒刺，常常会钩住动物的毛和人的衣裤，其种子在不知不觉中被带到别处。

植物之最

虽然世界广大、植物繁多，但是勤劳聪明的植物学家还是通过不断的研究，选举出了植物世界的各类冠军。它们都是谁呢？

树木世界里的巨人

澳洲杏仁桉树是世界上最高的树。一般高约100米，其中最高的一株可达156米，比美洲的巨杉还要高14米，这也是人类已知的最高的一棵桉树。它树干直插云霄，有50层楼那么高。如果一只鸟儿在枝头鸣叫，在树下听起来就像是蚊子的嗡嗡声，声音十分小。

世界花王

大花草号称"世界第一大花"，一生只开一朵花，花期4~5天，花朵直径可达1.4米，重达10千克。这种花有5片花瓣，每片长约30厘米，重1~1.5千克，整个花冠呈鲜红色，上面有白色斑点，看上去绚丽又壮观。花心呈盆状，可以盛7~8千克水。

最长寿的植物

千岁兰的寿命很长，一般在400~1500岁之间，即使5年内一滴雨也不下，它们依然能够在沙漠中存活下来。

世界上最粗的植物

百马树的树干直径达17.5米,周长有55米,就连北美洲的世界爷(也称巨杉)和非洲的猴面包树也无法与之相比。百马树千百年来一直生活于火山地带,但它们并没有被炙热的火山灰湮灭,反而更加生机勃勃,真是令人惊叹!

比蘑菇还要矮的树

矮柳高不过5厘米,与矮柳个子差不多的是生长在北极圈附近高山上的矮北极桦,据说还没有那里的蘑菇高。这样看来,矮柳作为"矮冠军"真是当之无愧。

陆地上最长的植物

白藤直径为4～5厘米,而它的长度一般为300米,最长的可达500米,比世界上最高的桉树还长3倍。

世界上最小的花

无根萍上部平坦,下部隆起,呈椭圆球形;内部充满小气室,由细胞壁构成。最小的无根萍长约0.4～0.9毫米,小到可以穿过针眼,其种子和果实更是比盐粒还要小。

爱睡觉的植物

植物和人类一样，会定时活动、定时休息，不过，这些过程很难被人类发现。并且光照对植物的影响很大，如果没有阳光，植物不能进行光合作用，无法合成生长所需的营养物质，就不能生长甚至死亡。

小麦、大豆、毛竹、甘薯，还有许多树木，都有午睡的习惯。每天中午11点至下午2点，这些植物的气孔会关闭，光合作用减弱。

睡莲

美丽的睡莲浮在水面上，每当红日东升，它便犹如初醒的少女，将那美丽鲜嫩的花瓣慢慢舒展开来；而当夕阳西下，它的花瓣会合拢起来，重新进入梦乡。

孔雀草

在太阳升起时开放，太阳西落时闭合。

牵牛花

牵牛花有个俗名叫"勤娘子",因为它是一种很勤劳的花。每当公鸡开始啼鸣,它便苏醒过来,随着天空放射出的第一道晨曦,开出一朵朵喇叭形的小花,单朵花期只有几个小时,大约到中午便开始凋谢。

晚香玉

晚香玉的花喜欢白天睡觉,夜晚开放,那芳香可以吸引夜间活动的蛾子来传授花粉。

为什么有的植物会睡觉?

为什么有的植物会睡觉呢?其实,植物睡觉的原因有很多种,常见的解释主要有两种,第一,夜晚比白天温度低,夜晚闭合叶子或花朵,可以避免寒冻的侵袭;第二,闭合后植物可以减少自身水分的蒸发。

蒲公英

蒲公英入睡时,所有的花瓣都竖着闭合起来,就像一个黄色的鸡毛帚。

胡萝卜花

胡萝卜花睡觉时,喜欢垂着头,就像一个打瞌睡的小老头。

天然水库——波巴布树

波巴布树树冠巨大，树杈稀疏而千奇百怪，酷似树根，远看就像是摔了个"倒栽葱"。它的果实巨大如足球，甘甜多汁，每当成熟时，猴子、猩猩、大象等动物抢着来吃，所以又有"猴面包树"之称。

"脱衣术"和"吸水法"

当进入旱季后，为了减少水分蒸发，波巴布树会迅速"脱光"身上所有的叶子；一旦雨季来临，则利用自己粗大的身躯和松软的木质代替根系，大量吸收并贮存水分，等待干旱时补充体内需要。

沙漠水塔

波巴布树的储水功能极强，据说它那粗壮的身躯一次可以贮存几千千克甚至更多的水。当你在长有波巴布树的沙漠中旅行时，几乎用不着带水，口渴时用小刀在随处可见的波巴布树上划一道小口子，清泉便喷涌而出，任你畅饮。因此，波巴布树又被称为"生命之树"。

天然村舍

波巴布树的木质又轻又软，当地居民常常将树干掏空，搬进去居住，从而在当地形成了一种非常别致的"村舍"。还有的居民将树干掏空作为贮水室、储藏室或畜栏。令人惊奇的是，放在波巴布树洞里的食物，竟然可以长时间不腐烂、不变质。

爱伪装的石头花

石头花是一种著名的小型肉质植物，呈卵圆形，高2～3厘米，茎很短，两片肥厚的肉质叶对生并且连接为圆锥体，顶部有树枝状花纹。石头花生活在干旱、少雨的非洲南部荒漠地带。

特殊的"天窗"

石头花生活在干旱少雨的地带，在其叶顶上有一个特殊的"窗"，是专门用来透光的，阳光从这个窗口射入内部，而"窗口"上的颜色和花纹可以减少强烈的日照，很好地控制"体内"所需光量。

石头缝里开出的花

石头花生长3～4年后，会在秋季从对生的叶中开出许多鲜艳的花朵，有黄色的、白色的、粉色的、红色的等。这些花非常大，几乎可以盖住整个植株，而且每一朵花都是下午开放，傍晚闭合，一直持续7～10天。花谢之后，会结出大量的小种子。

变色高手

为了保护自己，防止被敌人发现，石头花的外形和颜色酷似卵石。如果不在开花期，很难辨认出来。而这也是适应环境，为了繁衍生息所需要的。

小小的石头花会"渴"死吗？

石头花的抗旱本领非常强。它们体内有许多像海绵一样的细胞，可以贮存大量水分。当地表或土壤中的水分不足时，石头花就会依靠细胞内的水分维持生命。

冬虫夏草大变身

冬虫夏草不是虫，也不是草，它时常被人们误认为是一种植物，但其实冬虫夏草是冬虫夏草寄生在蝙蝠蛾科昆虫幼虫上的子座和幼虫尸体的复合体。蝙蝠蛾的幼虫被冬虫夏草菌侵入体内，身躯僵化，夏季从僵虫头端长出子座形成冬虫夏草。简单说，冬虫夏草冬天是虫子，夏天是草，这种奇特的"变身"本领在自然界中非常罕见。现在，就让我们来揭开它的生长之谜吧。

❶ 在夏季，一种身体娇小的蝙蝠蛾飞在花叶上，产下千千万万个卵。

❷ 卵随着叶片落到地面，经过大约1个月的时间孵化成幼虫。

❸ 幼虫钻入松软的土层，吸收植物根茎的营养，将自己养得肥肥胖胖。

❹ 这时，土层中的子囊孢子会钻进蝙蝠蛾幼虫的体内，吸收养分，长出菌丝（图中绿色为菌丝，橙色为孢子囊，蓝色为孢子）。

❺ 受到子囊孢子侵袭的幼虫逐渐向地表蠕动。由于体内真菌大量繁殖，几乎充满整个身体，在距地表2～3厘米处，幼虫会死去。这时正好是冬天，因此称为"冬虫"。

❻ 5～7月，气温回升，菌丝从幼虫头部萌发，长出像草一般的黄色或浅褐色的真菌子座，长成后冒出地面呈草梗状，称为"夏草"。

❼ 真菌子座的头部含有子囊，子囊内藏有孢子。当子囊成熟时，孢子会散出，再次寻找蝙蝠蛾幼虫作为寄主，冬虫夏草开始新的循环。

植物家族的气象预报员

植物不仅能用来欣赏、装饰，它们对人类还有很多实际的作用。比如，从很久以前开始，人们就会通过观察植物来预知天气状况，而且，自然界中的"气象员"不止一位。

雨蕉树

雨蕉树生长在拉丁美洲，在下雨前，雨蕉树的叶片总会不断地流下水滴，就像一个人在哭泣。

青冈树叶正在变成红色。

青冈树

青冈树对气候条件反应敏感。据观察，广西忻城县龙顶村的一棵青冈树，在每次下雨前树叶都会从深绿色变成红色。

含羞草不仅能预报天气，还能预测地震。一旦含羞草的叶子突然萎缩，然后迅速枯萎，就预示着即将发生地震。

报雨花

报雨花生长在澳大利亚和新西兰。那里的人们每次出门前都要看一看报雨花。如果花瓣卷曲，那就说明不久后将会下雨；如果花瓣舒展，则表明不会下雨。

含羞草

用手触摸含羞草的叶子，如果很快闭合，而张开时很缓慢，说明天气会转晴；如果闭合很慢，下垂迟缓，甚至稍一闭合又重新张开，说明天气会转阴或要下雨。

风雨生

风雨生是一种花，生长在我国东南沿海地区，一旦大量开放，就预示着暴风雨即将到来。

爱吃肉的植物

植物会吃什么？它难道只从土壤中吸收养分吗？当然不是这样的，因为全世界有500多种食虫植物，它们最喜欢吃各种小昆虫的肉了。

茅膏菜

它是出色的捕虫高手，花序枝布满细细的腺毛，只要昆虫停在上面，腺毛就会分泌出黏液，将昆虫粘住。同时，腺毛还会分泌出一种分解酶，慢慢"吃掉"昆虫。

植物为什么爱吃肉？

植物"吃肉"的习性与生活环境或自身特点有关。比如，茅膏菜是因为其根系不发达，吸收营养的能力较差；锦地罗则是因为生长土壤贫瘠，身体缺乏养分，尤其缺少氮素养分，因此它只能利用自身特点，抓些猎物为自己补充营养，从而更好地生长和繁殖。

锦地罗

锦地罗的叶平铺于地面，边缘长满腺毛，一旦昆虫落入，就会被腺毛包围，同时分泌出黏液将虫子牢牢粘住，并慢慢分解掉，最后被叶面吸收。

比比谁最臭

说起植物，人们总会认为其美丽、芬芳，联想到一幅美好的画面。其实，植物界里有许多植物并不惹人喜爱，反而人们一看见它们就会纷纷躲开，因为这些植物实在太臭了。

天鹅花

天鹅花生长在美洲森林里，味道像发霉的烟草，猪吃了会马上死掉。

大王花

大王花的臭味像是尸体腐烂的味道，人闻后头晕眼花，甚至会当场晕倒。

臭椿

臭椿在我国分布非常广泛，叶片基部的腺点散发着臭味。

臭梧桐

走近臭梧桐时，并不会觉得臭，但摘一片叶子，揉一下，就会有一股臭味扑鼻而来。

巨魔芋

巨魔芋生长在苏门答腊岛，在开花时会有像烂鱼一样的臭味。

鱼腥草

鱼腥草的腥臭味比较浓，手触摸后会立刻沾上像鱼那样的腥臭味，1个小时都无法消除。

大犀角

大犀角也叫"臭肉花"，秋季开花，花大而奇丽，很像海星。但它的味道恶臭难闻，只有苍蝇才会欢喜地飞过去，并为它授粉。

著名的舞蹈家——跳舞草

跳舞草是一种快要绝迹的珍稀植物,又叫情人草、风流草。它们居住在山谷里,既不像树,又不像草,最高可达2米;叶柄上通常有3枚叶片,可以"跳舞",让人观赏。

在晴朗无风的天气里,当气温在24℃以上,两片小叶就会围绕着中间的大叶快乐地舞动起来,有时左右摆动,有时上下弹跳,有时交叉转动,十分有趣。每片小叶可以转动180°,然后又弹回原处,再跳起舞来。

在雨过天晴或阴天,气温在28~34℃之间的上午8~11点和下午3~6点,跳舞草的全株叶片如久别的情人重逢一般,一会儿双双拥抱,一会儿又像蜻蜓点水似的上蹿下跳。

当夜幕降临后,跳舞草将叶片竖贴于枝干,紧紧依偎,犹如在静静休息。

跳舞草为什么会跳舞呢?

许多植物学家认为,跳舞草会跳舞是因为阳光,就像向日葵花跟着太阳走一样。但也有人认为,这是因为跳舞草体内的生长素转移,引起细胞生长速度的变化,所以它们才会跳舞;还有一些人认为跳舞草是为了躲避一些昆虫的侵害。

总之,跳舞草会跳舞的真正原因还需要植物学家继续深入研究、探索。

菟丝子的寄生生活

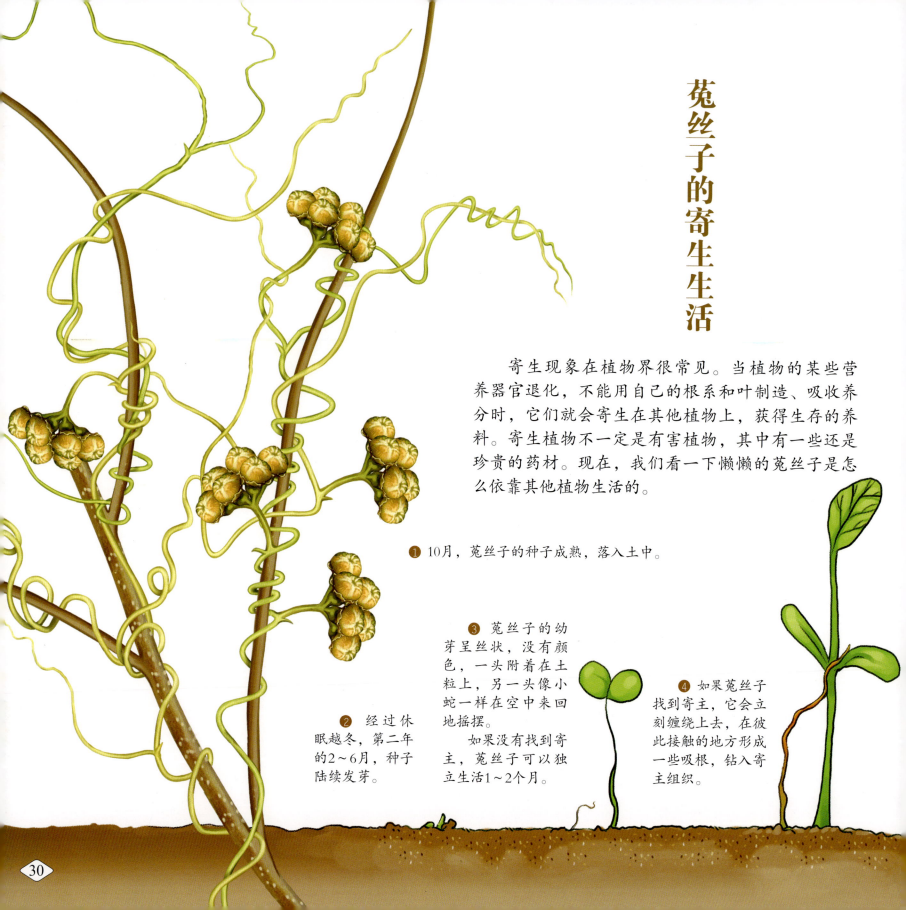

寄生现象在植物界很常见。当植物的某些营养器官退化，不能用自己的根系和叶制造、吸收养分时，它们就会寄生在其他植物上，获得生存的养料。寄生植物不一定是有害植物，其中有一些还是珍贵的药材。现在，我们看一下懒懒的菟丝子是怎么依靠其他植物生活的。

❶ 10月，菟丝子的种子成熟，落入土中。

❷ 经过休眠越冬，第二年的2~6月，种子陆续发芽。

❸ 菟丝子的幼芽呈丝状，没有颜色，一头附着在土粒上，另一头像小蛇一样在空中来回地摇摆。
如果没有找到寄主，菟丝子可以独立生活1~2个月。

❹ 如果菟丝子找到寄主，它会立刻缠绕上去，在彼此接触的地方形成一些吸根，钻入寄主组织。

菟丝子的寄主范围十分广泛，包括许多农作物，因此给农业生产带来了危害。许多地方已经开展积极的防治工作。

❺ 接着，部分细胞组织分化成导管和筛管，与寄主的导管和筛管连在一起，吸取寄主的养分和水分。

❻ 当一枝寄主的养分和水分被吸完后，初生的菟丝子便会死亡，但上部的茎继续伸长，再次形成吸根，从其他寄主中吸取营养物质。

❼ 菟丝子的茎不断向四周扩大、蔓延，直至将寄主全部包裹，有些寄主因生长受限、体内营养不良而全株死亡。

热带雨林里的空中居民

热带雨林里有一批空中居民,它们被称为附生植物。这些植物非常奇怪,不在土壤中发芽、生根,而是借住在其他植物上。有时,一棵乔木上居住着上百种植物,远远看去,就像一个"空中花园"。

有些植物为什么长在树上?

雨林下层几乎没有阳光,而且土壤贫瘠,为了得到阳光,吸收养分,许多植物将家搬到了空中,比如树上,成为空中居民。但它们自己吸收水分,制造养分,从不向"房东"索取。

巢蕨

附生在树干上的巢蕨很像一个大鸟巢,这种独特的造型可以更好地收集养料,比如,落入里面的树叶、小昆虫和粪便等。

兰花

兰花是重要的空中居民。它们从水汽、雨露、腐败的枝叶、动物尸体和粪便中吸收养分,从不掠夺它所附着植物的营养与水分。

地衣和苔藓

森林里常见的苔藓和地衣也是附生植物。

凤梨花

凤梨花的大多数种类都是空中居民。它的叶片一环一环地排列,中心形成一个大大的漏斗,里面可以存储水。这些水分不仅供凤梨自己饮用,还是许多小昆虫的饮用水,甚至有的小动物直接住在里面。

真菌

真菌也喜欢在树干上安家。

可以解毒的植物

不管在野外还是在日常生活中，毒物、毒气随时都可能入侵我们的身体和生活，这时我们要学会如何解毒、治毒、防毒，从而保护自己和家人。下面让我们认识几种比较常见的野外和室内的解毒植物。

竹叶兰

据说，从前在我国云南的西双版纳，有一位姑娘因为误吃了有毒的食物而奄奄一息，大夫便给她喝了用竹叶兰煮的水，谁知那姑娘很快就苏醒过来，没过几天便完全康复了。从此，当地傣族同胞把美丽的竹叶兰叫作"农尚嗨"，意思是一种解毒良药。

仙人掌

仙人掌是生活在热带干旱地区的多肉植物，它们肉质茎上的气孔白天关闭，夜间打开，能吸收二氧化碳，制造氧气，净化室内空气。

雏菊

雏菊花色丰富，是室内常用的小盆栽。并且雏菊可吸收家中电器、塑料制品等散发的有害气体，还可吸收新家装修后散发出的有毒气体。

牵牛花

牵牛花能分泌出一种杀菌素，可以杀死空气中的一些细菌，吸收空气中的有害气体，还是一种适合家庭种植的植物。

八角莲

八角莲在植物界非常有名，它的叶片有八个角，而且根茎是极好的解毒物质。正因为这样，八角莲被人类疯狂地采挖，现在在野外已经很少见了。

孤单的独叶草

1914年，一位名叫史密斯的英国人在中国云南的梅里雪山上第一次发现了独叶草。因为结构简单，看起来是"独花独叶一根草"，所以就起名为独叶草。

① 株高一般不超过10厘米。

② 叶背为粉绿色。

③ 叶柄长5～11厘米。

④ 花葶高7～12厘米，萼片花瓣状，有5～6枚，淡绿色。

⑤ 叶片边缘有小突起。

⑥ 叶基生，心状圆形，五裂。

⑦ 根状茎细长而有分叉，茎上长着许多鳞片和不定根。

我是独叶草，在繁花似锦的植物王国中，我是最孤单的植物，因为我一生只有1朵花、1片叶。我的伙伴们很少，零散地分布在海拔大约2000米的树林里，是国家一级保护稀有物种。如果有一天，你在野外看见我，千万不要因为好奇而采摘我哦！

独叶草真的只有一片叶吗？

人们通常认为独叶草只生1片叶子，最近植物学家研究发现，其实不是这样。在独叶草的根状茎上，大约每10厘米左右就生有1片叶，一棵植株通常可以长出许多叶子，所以把它称为"独花草"可能更确切一些。

爱臭美的弄色木芙蓉

弄色木芙蓉，也叫三弄芙蓉。这可不是普通的芙蓉花哦，弄色木芙蓉的花色一天一变，直到凋谢，所以也被称为"爱臭美的木芙蓉"。由于弄色木芙蓉独特的美丽，人们将它们栽种在公园、庭院或当作盆栽摆放在室内观赏。

弄色木芙蓉是怎么变色的

弄色木芙蓉开花后，每天变色，在同一株弄色木芙蓉上常常可以看到各种颜色的花朵，甚至1朵花上就有不同的颜色。

第一天，花刚刚开放为白色。
第二天，花变为鹅黄色。
第三天，花变为浅红色。
第四天，花变为深红色。
第五天，花变为紫红色。
最后，花变为紫色并开始凋谢。

植物变色的秘密在哪里？

植物变化颜色看起来非常神奇，简直不可思议，但原因其实很简单。只是因为花瓣内的花青素和胡萝卜素会随着温度和酸碱度的变化而变化，最终表现出不同的颜色。

告诉你关于植物的秘密

在植物家族，几乎每天都有奇怪的、让人不理解的事情发生，比如有的植物可以开出巨大的花，有的植物开出的花很臭，有的植物非常耐渴，还有的植物有长长的藤……这其中的奥秘你都知道吗？

龙血树真的会流血吗？

在龙血树的故乡——非洲西部的索科特拉岛，当地流传着龙血树流的是龙血，因为它是在巨龙与大象交战时，由于巨龙血洒大地而生出来的，而龙血树这个名字就来源于这个传说。实际上，龙血树流的并不是血，而只是一种暗红色的树脂。

矮柳为什么长不高

矮柳太矮了，几乎匍匐在地面上。它之所以长不高是因为矮柳生长在高山冻土地带。一般来说，高山地带气温极低、空气稀薄、风力大、阳光直射强，为了适应这种环境，大部分植物都长得很矮小。

千岁兰为什么不会枯萎？

千岁兰被称为"叶中老寿星"，由于它的两片真叶一旦长出，就会与整个植株终生相伴。这是因为，叶子基部有一条生长带，位于那里的细胞有分生能力，可以不断产生新的叶片组织，使叶片不停地生长。然而叶子的前部依然会老去，但基部可以不断生长，因此使人误以为千岁兰的叶子从不枯萎。同时，千岁兰的叶子里有许多特殊的吸水组织，能够吸取空气中的少量水分，从而滋养叶子。

白藤为什么长得这么长？

白藤是世界上最长的植物。它能长这么长，是因为它一碰到大树，就会紧紧地攀住，顺着树干向上爬去，一边爬一边长出新叶子、脱落旧叶子。等长到树顶后，由于失去了附着物，它便向下坠，继续围绕着树干生长、缠绕，等到地面后再向上折去。就这样，白藤不停地爬上爬下，来来回回，不知不觉就成了世界上最长的植物。

铁桦树为什么很硬？

铁桦树的木头是世界上最坚硬的木材。如果你用刀狠狠地在树干上划几下，几乎不会留下痕迹；即使用子弹射击，树木就像厚钢板一样，纹丝不动。铁桦树这么坚硬，到底是因为什么呢？其实，奥秘就在于它的木质部。由于木质部的韧木纤维没有弹性，很坚硬，从而产生了很强的支撑作用，甚至可以将外力反弹回去。

紫薇树为什么怕痒痒？

紫薇树长大后，树干的外皮自行剥落，露出光滑的内部树干，这时你用手碰它，哪怕是轻轻地抚摸，它都会浑身颤抖、枝摇叶晃起来，甚至还会发出微弱的、"咯咯"的响声。这种"怕痒痒"的反应实在令人称奇，因而紫薇树一下子从一种普通的树变成了世界名树！

紫薇树"怕痒痒"的原因，科学家还没有定论，有人认为紫薇树的材质比较特殊，具有较强的传导性；也有人认为是植物本身有生物电的作用；还有人认为是由于它浑身光滑，枝条十分柔软，所以一接触就会全身摇晃。

威力无穷的炮弹树

炮弹树主要分布于非洲和美洲，高3～6米，枝条开阔，叶簇生于小枝上，夏季开花繁多。炮弹树正是因其果实会突然"爆炸"而闻名于世。

树上结出"手榴弹"

在北非的森林中，走着走着就会突然听到"轰"的爆炸声。这可绝不是有人在拍电影，而是一种神奇的树木在搞怪。如果你循着声音走去，就会看见地上有被炸得血肉模糊的鸟儿或小动物。这就是炮弹树的威力，而制造这一惨案的其实只是它的果实。

炮弹花

炸弹树的花和果完全不同，花朵非常漂亮。

果实为什么会爆炸呢？

炸弹树的果实与成熟的柚子相似，但金黄色的果壳异常光滑和坚硬。在成熟期，非洲炎热的天气使果壳表层的水分被大量蒸发，但果壳里面依旧是湿润的，因此当逐渐"紧缩"的表层再也无法"包住"果肉时，便会彻底释放——突然爆裂！这种爆裂的威力有强大的杀伤力，不弱于一个小型手雷！

学习艾蒿印染技术

艾蒿又叫艾、艾叶,是一种用途广泛的植物。它不仅可以制作食物,还可以治疗疾病。另外,艾蒿还是一种纯天然的绿色染料。现在,我们就来学习艾蒿印染技术吧!

❶ 准备一件白色背心,准备与背心同等重量的艾蒿和相当于背心重量1/10的明矾。

❷ 拿一个盆,将明矾放在盆里,倒入是其50倍的水,让明矾溶化。

❸ 将艾蒿切碎,装入布袋中。

❹ 将艾蒿布袋放入不锈钢锅里,加水并使劲儿搅拌,加热15~20分钟后关火。

❺ 夹出艾蒿布袋,放入背心,煮20分钟,同时用筷子不断翻动,保证染得均匀。

❻ 戴上手套,将染好的背心捞出,用冷水洗后,再放入明矾水中浸泡30分钟。

❼ 再用冷水洗一遍,把背心放回锅中再煮20分钟。

❽ 捞出背心,用冷水清洗,直到不掉色。

艾蒿散发着一种特殊的味道,将其悬挂在门口可以驱蚊虫。瞧,小小的艾蒿真是身手不凡呢!

❾ 晾干后就可以穿了,是不是很好看呢?艾蒿还可以染很多东西呢!

我国名花

我们国家土地广阔,植物丰富。许多植物以美丽的外表、芬芳的气味和独特的功效享有"名花"的美誉!

梅花
梅花在我国十大名花中排名第一,清新淡雅,笑对寒雪,是高洁和坚强的象征。

水仙
像它的名字一样,水仙适合在盆中水养,花香沁人,亭亭玉立,给千家万户带来了芬芳和温馨。

荷花
荷花是著名的水生花卉,是百花中唯一花、果、种子、根都可以食用的花卉。

菊花
菊花在我国十大名花中排名第三,是十分流行的盆栽花,象征着健康和长寿。

牡丹
牡丹在我国十大名花中排名第二,由于花大而艳丽,被赋予了富贵吉祥的美意。

月季
月季深受人们的喜爱,被称为"花中皇后",足迹遍布世界各地。

植物与民俗节日

我国是一个多民族国家,在长期的历史发展中,逐渐形成了各自的传统节日,其中许多节日都和植物有关。

荷花与观莲节

在江南水乡,每到夏季,荷花成片开放,十分壮丽!因此古人将农历六月二十四日定为"荷花的生日",又称"观莲节"。每逢这一天,男女老少都纷纷到荷塘赏荷花,同时品尝用莲藕做的各种美味佳肴。

桑树与元宵节

正月十五元宵节,又叫上元节,起源于汉代,在这天人们有许多祭祀活动。而从魏晋开始,我国的元宵节又有了祭祀蚕神、迎紫姑的习俗,因为古代丝绸昂贵,蚕事的好坏关系到人们生活的好坏。正月十五,正是春天来临、桑树萌发之际,人们此时祭祀蚕神充满祈年的意义。

桂花与中秋节

中秋节是我国最重要的节日之一。每当中秋月圆时,一树树桂花相继开放,散发出浓郁的香气,因此中秋之夜欣赏桂花和明月就成了我国人的习俗。有时,还会小酌桂花酒、桂花茶,品尝桂花饼等。

艾蒿与端午节

每年农历的五月初五为端午节,在南北朝以前就有端午节插艾的风俗。我国古代百姓认为五月为"恶月",因此在这天将艾蒿挂在门前,认为其浓烈的气味可以驱邪避灾。

茱萸与重阳节

茱萸是我国特产的名贵药材,因气味浓烈,被认为有驱蚊杀虫的功能。汉朝时,人们将茱萸切碎装在香袋里佩戴,晋朝以后人们将茱萸插在头上,后来,这就成了中国传统节日重阳节的风俗之一。

植物和人类的关系

植物和四季

当植物开始发芽时，意味着春天来了，播种的季节到了。

当植物非常茂盛时，意味着夏天来了，要及时给庄稼除草。

当植物开始枯萎时，意味着秋天来了，人们开始收割。

植物和土壤

土壤中的微量元素和无机盐，是植物生长的营养物质。植物的枯枝、枯叶分解后成为腐殖质，使土壤更加肥沃。

干旱地区，植物的根较长，叶片较小。

湿润地区，植物的根较浅，叶片较大。

当植物干枯消失时，意味着冬天来了，忙碌了一整年的人们就可以休息了。

植物影响着人类生活

产生氧气

净化空气

降低噪声

保持水土

人类滥砍滥伐树木、过度放牧。

植物越来越少，绿色的大地成为荒漠，人们的生活也会发生改变。

本书编绘人员名单

王艳娥	刘晓丽	王阳光	邵晗茹	刘听听	庄殿武	孙雪松	王立刚	韩旭	崔月
田晰	吴金红	王丹	王自伟	孙海建	杨立国	陈禄阳	邱佳丰	王迎春	康翠苹
崔颖	王晓楠	李佳兴	虞佳鑫	姜茵	丁雪	那娜	宁涛